Le Cabinet des beaux Arts

ou

Recueil d'Estampes gravées d'apres les Tableaux d'un plafond ou les beaux Arts sont representés

Avec l'explication de ces memes Tableaux.

MDCXC

Se vend A Paris Chez G. Edelinck Rüe St Jacques au Seraphin Avec Privilege du Roy { Et chez Andre' Charles Boulle aux Galleries du Louvre.

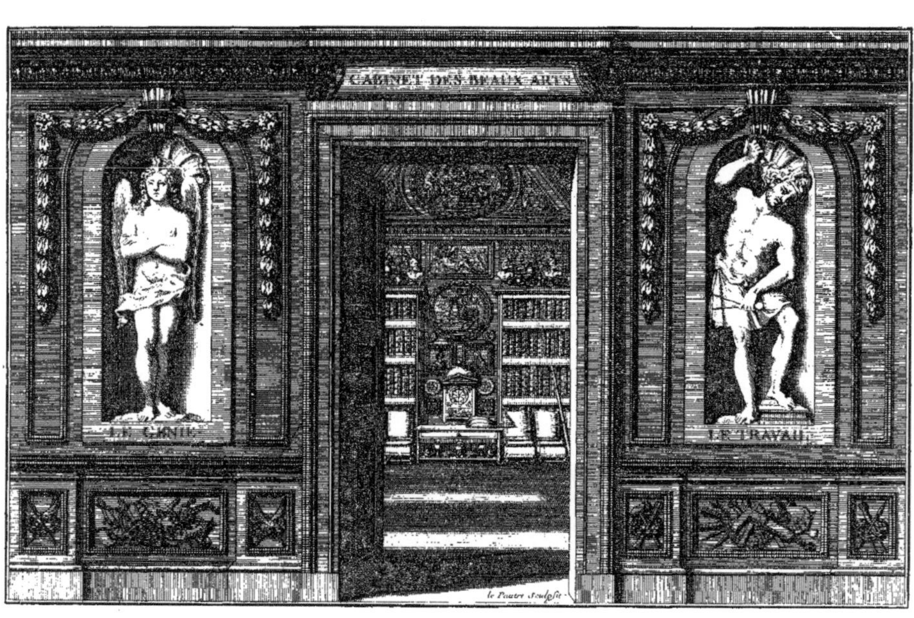
CABINET DES BEAUX ARTS
LE GENIE
LE TRAVAIL
le Pautre Sculpsit

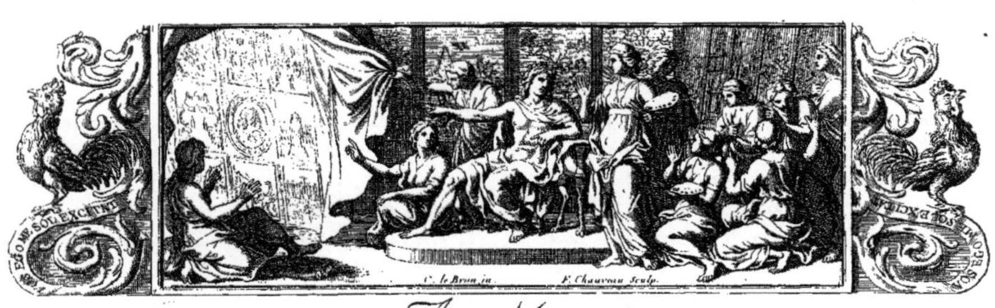

À Messire
Messire Louis Boucherat
Chancelier de France

ONSEIGNEUR

Quoy que votre amour pour toutes les belles choses ne me soit pas
inconnu, J'avoüe neantmoins que le dessein de
vous presenter ce livre m'a fait trembler plus

d'une fois. Tant de vertus graves
et sérieuses qui vous environnent, me
faisoient craindre pour les beaux
Arts; et j'apprehendois que la Peinture, la Poësie et la Musique, ne pa-
russent des Nymphes bien frivoles
auprés de la Justice, de la Prudence,
et de la Sagesse. Cependant Mon:
seigneur, ayant eu le bonheur de vou'
voir de plus prés, et dans ces doux
momens de repos où le poids des af:
faires vous permettant de respirer,
vous vous laissez aller à la pente
de vos inclinations naturelles. J'ai
remarqué que ces belles Nymphes
ne vous étoient pas indifferentes, et
que même elles étoient bien plus de
vôtre connoissance que de la mienne.
J'ay vû qu'en récompense de l'assi-

duité que vous aviez euë pour elles
pendant vos jeunes ans, elles vous
ont fait part de tous leurs secrets;
que l'Architecture, la Sculpture, et la
Peinture n'ont produit aucun ouvrage considerable dans la suite des temps
dont vous ne connoissiez toutes les beautés, et toutes les finesses; que l'Eloquence se mêle dans tous vos discours; que
la Poesie vous divertit quelquefois;
et que la Musique auroit le bonheur
de vous charmer souvent, si le soin
continuel d'entretenir une plus solide
et plus belle harmonie dans l'Estat
n'occupoit toute vôtre attention. Ainsi
Monseigneur, loin de vous demander vôtre protection pour ces Maitresses des beaux Arts, je les prierois plu-
tôt de m'être favorables auprés de

vous, et de vous dire qu'elles sont un
peu de mes amies. Ce me seroit Monseigneur, un moyen indubitable d'ôbte=
nir quelque part dans vôtre bienveillan:

ce: mais je ne veux devoir un bien si
précieux, qu'à vôtre bonté toute pure, et
à la profonde veneration avec laquelle
je suis

Monseigneur

Vôtre tres humble et
tres obeïßant serviteur
Perrault
de l'Academie françoise

Le cabinet des beaux Arts
Explication du dessein general

Dans le dessein qu'on a eu de représenter les beaux Arts, ou les Arts libéraux, on ne s'est point arrêté au nombre de sept où la plûpart des Philosophes les ont reduits, ni à la definition qu'ils en ont donnée. Car on peut dire qu'il n'y à rien de plus mal entendu que ce qu'ils ont décidé là dessus. Au lieu d'établir leur division en libéraux et méchaniques sur la différence de leur noblesse et de leur dignité, et de dire que les Arts libéraux sont ceux qui peuvent être exercés par des personnes de condition libre, comme le mot de libéral le donne à entendre; et que les Arts mechaniques sont ceux qui autrefois n'étoient guere exercés que par des hommes de condition servile, Ils ont fondé leur différence sur une circonstance de leurs ouvrages, qui n'a nul rapport à leur noblesse, ni à leur dignité. Ils ont dit que les Arts liberaux se distinguent des méchaniques, en ce que les ouvrages de ces derniers subsistent aprés l'operation; et que les ouvrages des autres ne consistent que dans leur seule opération, sans qu'il en reste rien dés qu'elle est finie. Il est certain que cette consideration ne peut rendre un Art, ni liberal ni méchanique; et qu'on s'est fort trompé lors qu'en suivant cette regle, on à mis l'Aritmetique au nombre des Arts liberaux, parce qu'il ne reste rien de son opération; et qu'on à placé l'Architecture, la Peinture, et la Sculpture, parmi les Arts méchaniques, parceque de leur travail il en demeure des édifices, des tableaux, et des statuës.

Apres avoir abandonné cette divisiõ, on à choisi entre les Arts qui méritent

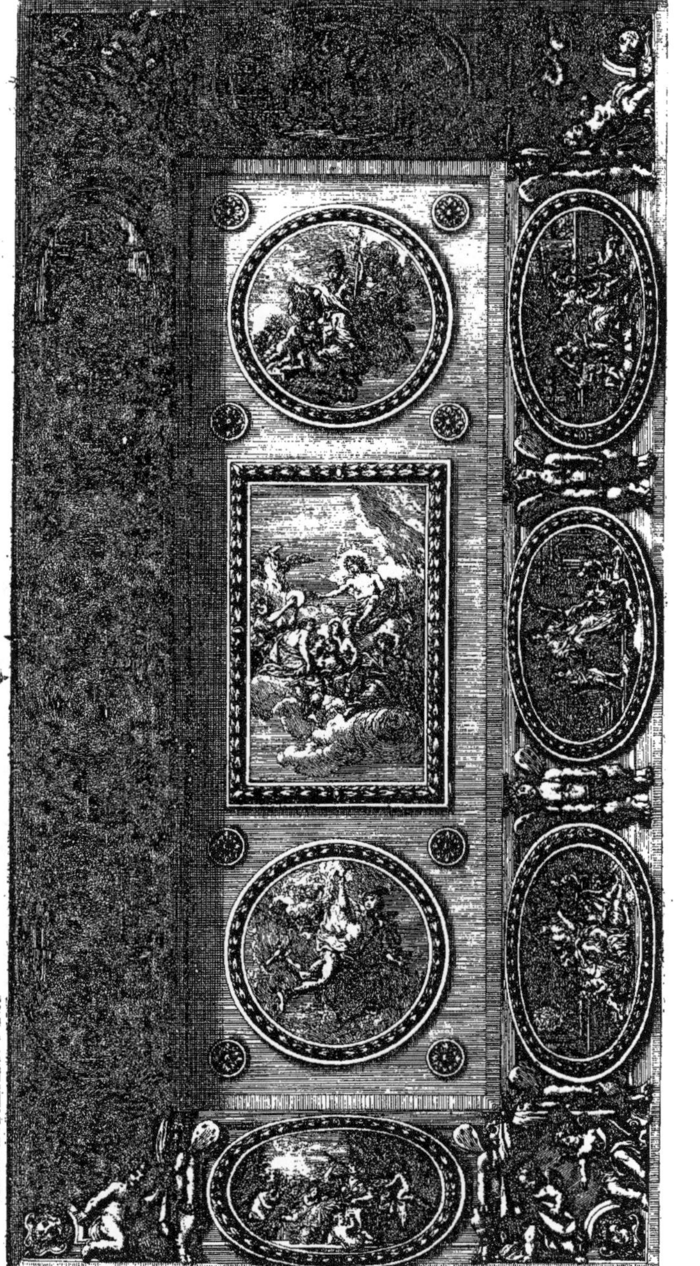

Douvart delineavit et fecit

d'être aimés et cultivés par un honnete-
homme ceux qui se sont trouvés être da:
vantage du goût et du genie de celui qui
les a fait peindre dans son cabinet et qui
les y a mis comme d'autres y auroient
placé les portraits de leurs Maitresses. On
en a choisi huit parcequ'il y avoit huit pla:
ces et l'on auroit crû être en droit d'en met:
tre moins ou davantage selon la differen:
te capacité du lieu sans apprehender la
critique des Philosophes.

  Ceux que l'on a ici representés sont l'E:
loquence, la Poesie, la Musique, l'Archi:
tecture, la Peinture, la Sculpture, l'Optique
et la Mechanique. Par Mechanique on en:
tend cette partie des Mathematiques qui se
mêle des machines et des forces mouvantes.

  L'Eloquence, la Poesie et la Musique sont
mises d'un côté comme ayant cela de com,
mun qu'elles s'occupent toutes trois a des
choses purement spirituelles et qui s'expri:
ment par la parole et par la voix. L'Archi:
tecture, la Peinture et la Sculpture occu:
pent l'autre côté parce qu'elles ont toutes
trois pour objet des ouvrages corporels et
qu'elles produisent par l'entremise de la
main. Aux deux bouts du plafond sont
l'Optique et la Mechanique dont les opera:
tions sont spirituelles et materielles tout en:
semble, Car l'Optique n'est pas mise la comme
se melant seulement de raisonner sur la pro:
prieté des angles de reflexion qui causent les
differentes sensations de la veüe, mais com:
me travaillant aussi a la fabrique de ces ver:
res admirables qui ont poussé si loin nos con:
noissances dans les secrets de la Nature et la
Mechanique n'y donne pas seulement des
preceptes pour la facilité et la vitesse des mou:

Le cabinet des beaux Arts

vemens mais elle y construit elle meme les machines etonnantes qu'elle a inventées.

Tous ces beaux Arts sont peints sous la figure de belles femmes, dont la beauté a du rapport autant que les peintres ont pûy parvenir, au caractere qui leur est propre. Elles ont auprès d'elles de jeunes enfans qu'on nõme ordinairement des Genies qui s'exercent et se jouent des choses qui leur conviennent. Le surplus du tableau est orné des plus beaux ouvrages de l'Art qu'il represente et l'on a mis le nom de ceux qui ont le plus excellé dans la connoissance et dans la pratique de ce bel Art.

Comme l'intention principale de celui qui a conceu ce dessein a èté de faire honneur a son Siecle, il n'a pas fait representer les ouvrages que ces beaux Arts ont produits dans l'Antiquité mais ceux qu'ils ont faits depuis le commencement de ce Siecle. On n'a pas mis dans le tableau de l'Architecture le Pantheon ni le Collisée mais le Devant du Louvre et l'Arc de triomphe du faubourg St Antoine. Dans celui de la Sculpture on n'y void point l'Apollon, la Venus ou l'Hercule, mais les figures de la grotte de Versailles et quelques autres de ce meme palais. On en a usé de la meme sorte dans les autres tableaux. non que l'on manque de veneration pour les monumens admirables de l'Antiquité mais parcequ'on aime le siecle present et que d'ailleurs on ne le croit pas inferieur pour ce qui est des beaux Arts ni a celuy d'Alexandre. ni a celui d'Auguste.

En faisant le choix des Orateurs et des Poetes qu'on a nommés, on s'est laissé conduire a la voix publique; avec cette protestation qu'on peut en avoir oublié beaucoup qui meriteroient cet honneur avec autant et peut etre plus de justice que ceux qu'on a nommés.

Le cabinet des beaux Arts

Outre les huit places qu'ocupent les huit beaux Arts qu'on a choisis, Il restoit encore trois places dans le milieu du plafond ou l'on a mis les Divinités que l'Antiquité a crû leur presider, Apollon dans le milieu, Mercure et Minerve aux deux côtez.

Apollon y est regardé comme celuy qui donne le Génie et le feu de l'Ynvention, Mercure comme le pere de l'Industrie et Minerve comme celle qui se mêlant de tous les Arts, est considerée particulierement pour la justesse et la dexterité de la main.

Les onze tableaux ont esté peints par onze excellens Peintres et gravez par autant d'excellens Graveurs qui ont tous travaillé à l'envi l'un de l'autre, leurs noms sont écrits sur les planches.

Quelques beaux et bien peints que soient les tableaux, Ils n'ont rien neantmoins qui ne soit exprimé dans les Estampes, sur quoy je diray qu'il y a peu d'Arts qui dans ce siecle se soient autant perfectionnez que la Grauüre. Pour en être persuadé il ne faut que voir les plus belles Estampes de Marc Antoine, Le trait et les contours en sont admirables, mais la Grauüre n'a aucune finesse ny aucun Art, Les chairs, les Cheveux, les drapperies, le Ciel, l'eau, et la terre y sont traités de la même façon, c'est par tout une petite hachure croisée du même sens. Aujourd'huy la Grauüre se varie en autant de manieres qu'il y a d'objets differens. Elle a des touches de burin pour en representer la molesse, la dureté, la fluidité, la rondeur, l'espoisseur, et jusqu'aux couleurs mêmes les moins sensibles, quoiqu'elle n'ait q? du blanc et du noir.

La Sculpture qui a voulu orner ce plafond y a mis aux quatre coins les Génies des beaux Arts, et elle y a ajouté des Sphinxs pour marquer qu'ils ne découvrent pas leurs secrets a tout le monde.

Le cabinet des beaux Arts

Apollon

Le plus bas element du monde,
Animé des rayons de ma clarté seconde
Se montre inepuisable en ses productions ;
Le noble sein d'une belle ame,
Quand je l'echauffe de ma flame,
Est plus fertile encore en ses inventions

Apollon est elevé au milieu des airs, entouré d'une grande lumiere et des neuf Muses qui l'ecoutent, parcequ'il represente ici non seulement ce feu divin qui fait et qui anime les Poetes, mais cet esprit universel qui a inventé tous les Arts et toutes les sciences et qui tous les jours travaille encore a leur donner leur derniere perfection. Cet Esprit admirable que le ciel donne et que l'etude et le travail ne scauroient acquerir, est dans le monde intellectuel ce que le Soleil est dans le monde sensible et materiel. Car si ce bel astre est l'auteur de toutes les productions de la Terre et un agent sans lequel la Nature demeureroit eternellement sterile. Cet Esprit —

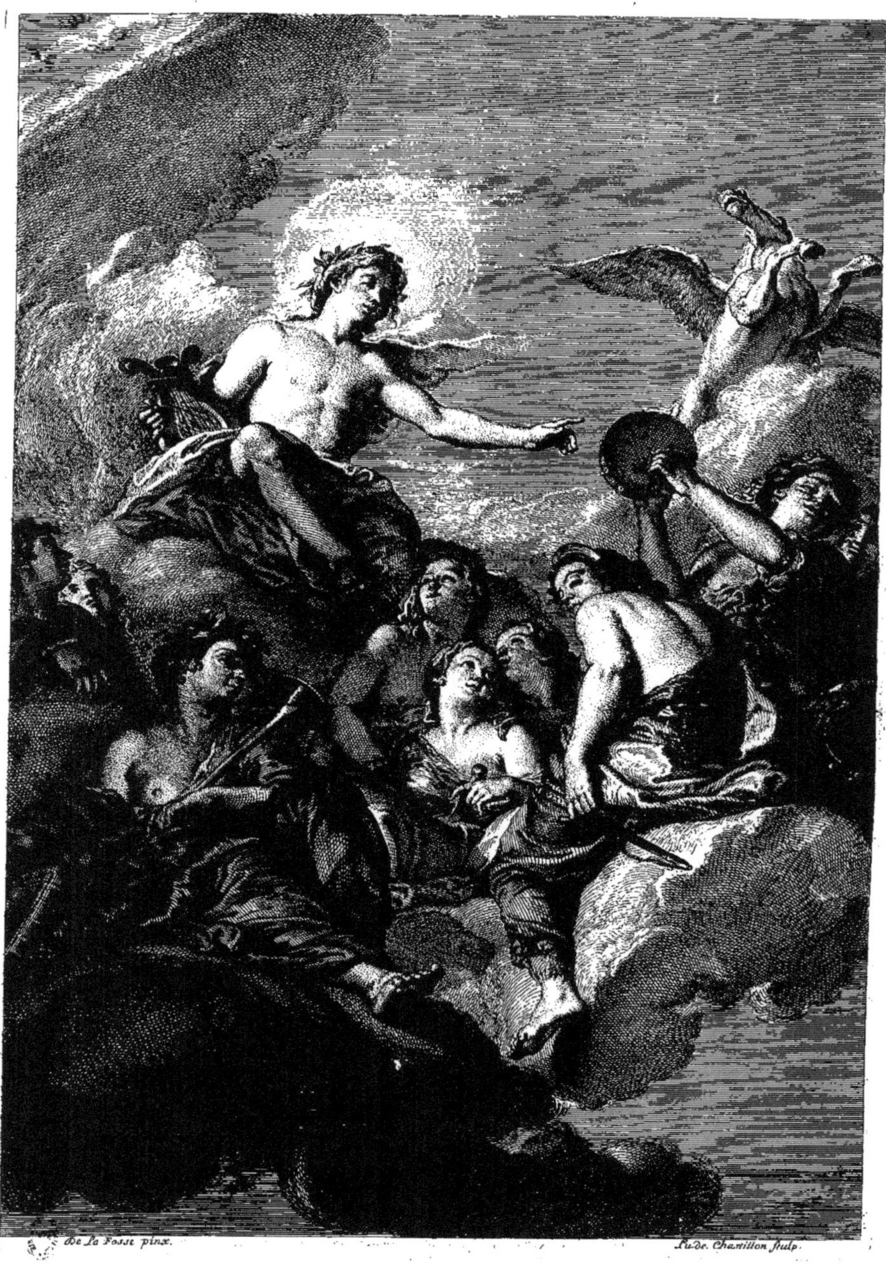
De La Fosse pinx.
A de. Chastillon sculp.

Le cabinet des beaux Arts

nommé vulgairement Genie, est l'inventeur et pour ainsi dire le createur de tou:
tes les beautés qui touchent l'ame; sans
cet Esprit les hommes peu differens des
bestes habiteroient encore les bois et les
cavernes au lieu des palais qu'ils ont cons
truits, et seroient privés d'un nombre infini
de commodités qui leur font tant d'honneur
et leur rendent la vie si agreable. C'est cet
Esprit qui communique a un ouvrage ce
qu'on y trouve de divin et ces graces incon
cevables qui frappent presque egalement
les ignorans et les habiles. C'est cet Esprit
qui se repand dans tous les Arts, et qui
quelquefois ne s'epanche pas moins dans
les petites choses que dans les grandes, dans
l'invention d'une machine, d'un ballet
d'une mascarade, que dans les plus
nobles travaux de l'Eloquence et de la
Poësie.

Le cabinet des beaux Arts

Mercure

Pour obtenir ce qu'on desire,
Par les finesses du bien dire,
Et par l'appas caché d'un tour ingenieux.
Il faut avoir de la souplesse,
Et de cette subtile adresse,
Dont je fais reüssir les affaires des Dieux.

Mercure represente ici l'adresse de l'esprit, et ce qu'on appelle ordinairement industrie, ou sçavoir faire. C'est une espece de Genie, mais different de celui qu'on attribue a Apollon. Celui la ne s'applique qu'a la beauté de son ouvrage, celui ci songe encore à l'avantage de l'ouvrier. et si le premier est cause qu'un homme vaut beaucoup, l'autre lui donne le talent de se faire beaucoup valoir. Car ce n'est pas seulement dans l'eloquence dont il connoit tous les ressorts que ce Genie est necessaire, ni dans la Poësie dont on lui attribue une partie de l'inventiõ avec celle de la lyre qu'il remit entre les mains d'Apollon. C'est dans l'execution et

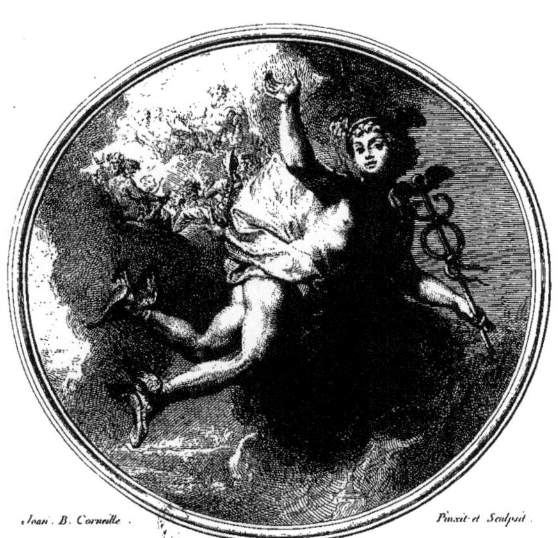

Joan. B. Corneille .
Pinxit et Sculpsit .

Le cabinet des beaux Arts

et le commerce de tous les Arts, que cette
sorte d'ésprit est tres utile. Ce n'est pas assez
qu'un homme qui travaille ait du genie.
pour inventer de belles choses. il faut qu'il
aitle soin et le talent de les rendre agrea:
bles, et comme elles se peuvent faire en plu:
sieurs et diverses manieres, il doit s'accom:
moder au temps, aux lieux, et aux persões.

Cela est quelquefois de si grande consequen=
ce, que des ouvrages médiocres l'ont empor=
té par là sur des ouvrages excellens, et qu'on
a vû mettre en paralléle avec les premiers
hommes de leur siécle, des artisans beau:
coup inferieurs, par ce qu'ils possedoient au
souverain degré cette sorte d'industrie et
des çavoir faire.

Le cabinet des beaux Arts

Minerve

Du chef de Jupiter je nais toute sçavante,
Et produis sans effort mille ouvrages parfaits.
Chacun tache avec soin d'en imiter les traits,
D'une main juste et diligente.
Mais l'artisan se trompe et se tourmente en vain,
Si la tête n'agit encor plus que la main.

Minerve à toûjours été considerée comme une Deesse qui preside generalement à tous les Arts, soit de la Paix, soit de la Guerre; C'est pour cette raison qu'elle est armée d'une lance et d'un bouclier, et qu'elle a autour d'elle les genies et les instrumens des Arts tranquilles et pacifiques. Ici elle est particulierement regardée comme presidant a l'adresse de la main conduite par le jugemēt, et c'est dans cette veüe qu'on à representé dans l'eloignement, Jupiter à qui Vulcain vient d'ouvrir la tête avec sa hache pour en

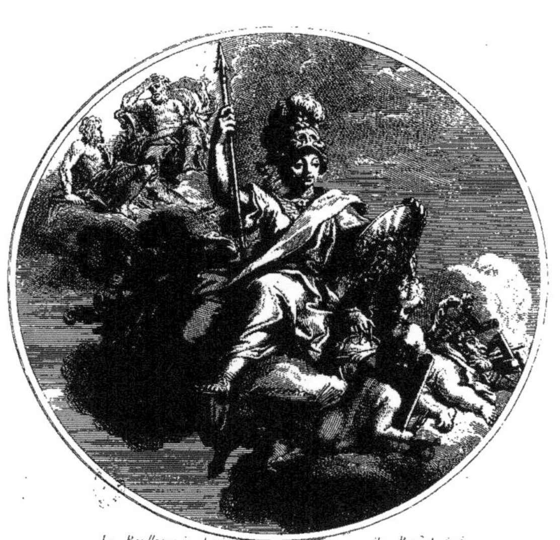

Lo Boullogne in et pinx
Ale Baudet Sui

Le cabinet des beaux Arts

faire sortir cette fille merveilleuse. En effet, rien n'est plus necessaire pour la perfection d'une infinité d'ouvrages, que la dexterité de la main: mais il faut que le jugement, et le bon sens accompagnent et conduisent cette dexterité: autrement les meilleurs ouvriers pourroient se rendre semblables à la malheureuse Arachné, qui se confiant en la seule adresse de ses doigts, défia temerairement la sçavante fille de Jupiter; et ils ne meriteroient pas plus de loüanges, qu'en merite l'araignée par son travail tres fin et tres subtil mais tres frivole et tres inutile.

Le cabinet des beaux Arts

L'Éloquence

En vain la puissance des Armes,
Avec la force de mes charmes,
Ose entrer en comparaison.
Tout cede au pouvoir du bien dire,
Et J'exerce un supreme empire,
Par tout ou regne la Raison.

Ce n'est pas sans sujet que cette Nymphe est couronnée, qu'elle est vétuë de pourpre, et qu'elle tient un sçeptre en sa main. C'est l'Éloquence cette maitresse souveraine des volontés, qui comme la beauté se fait obéir sans gardes et sans armées. L'air seul de son visage imprime du respect par tout ou la raison à quelque autorité; et la main qui anime son geste, semble commander et donner des ordres qu'on n'est point libre de ne pas suivre. Entre les genies qui sont autour d'elle, il y en a qui écoutent avec grande

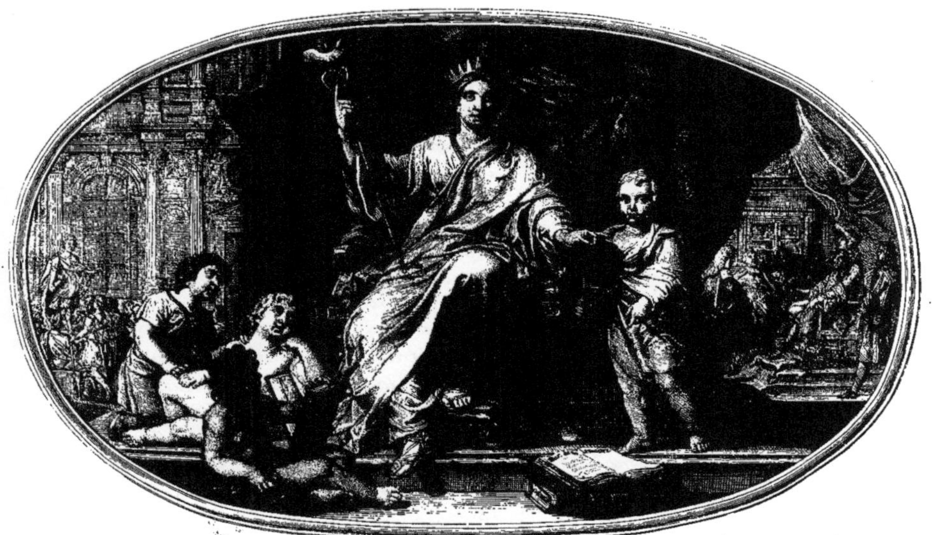

Coiasse. pinxit et pinxit .   L'ELOQVENCE   Ioan Bonnart junior deli. et sculp.

Le cabinet des beaux Arts

attention, d'autres qui lisent, et d'autres qui rêvent profondement. Les occupations differentes de ces Genies marquent les differens moyens dont on acquiert le precieux talent de bien parler; l'imitation des grands orateurs, la lecture des beaux ouvrages d'Eloquence et la meditation continuelle sur les secrets de l'Art, sur la nature du cœur de l'homme et sur la diversité des ressorts qui le remuent. On void d'autres Genies dans l'éloignement qui s'exercent a haranguer et ce chemin est peut etre le plus seur et le plus court pour se rendre habile. Ça eté en s'exerçant sans cesse dans la solitude et sur le rivage de la mer, que Démosthene a surmonté l'obstacle, que la Nature avoit mis a son eloquence, et qu'il s'est acquis le premier rang parmi les orateurs; C'est par cet exercice continuel de la declamation

que nous voyons se former tous les jours dans plusieurs saintes Communautés des predicateurs excellens qui contractent insensiblement une heureuse habitude de penser juste sur toute sorte de sujets et de trouver de fortes expressions qui répondent a la justesse de leurs pensées, enjoignant a la pratique des plus profonds secrets de l'Eloquence une simplicité facile et naturelle.

C'est l'Academie Françoise que vous voyez dans ce lointain, ou l'un de ceux qui la composent adresse sa parole a son auguste Protecteur. C'est là que l'Eloquence épanche avec profusion ses plus riches tresors, pour répondre en quelque sorte a la majesté du Prince qui l'ecoute, et a la dignité du Corps qu'elle fait parler. Comme cette illustre Compagnie renferme

Le cabinet des beaux Arts

dans son sein les plus grands Orateurs
de nôtre Siecle, soit pour la chaire, soit
pour le barreau, et pour toutes les fonctions
de la Justice: Que de chez elle sont sortis
et sortent tous les jours des ouvrages qui
servent de modelles à tous les Orateurs
et à tous les écrivains de l'Europe; Et que
si la politesse et l'élégance dans le discours,
sont presentement des talens aussi com=
muns dans ceux qui parlent ou qui écrivent,
qu'ils étoient rares du temps de nos ancêtres;
c'est assurément au soin qu'elle prend de
la pureté de nôtre langue, qu'on en est re:
devable. C'est elle qui a banni toutes les
fausses pointes, et tous les jeux d'esprit
pueriles, qui deshonoroient la majesté
du stile; qui a réduit au nécessaire cet
épanchement immodéré de citations dont
on appauvrissoit un ouvrage, en croyant

l'enrichir; et qui a fait revivre le parfait
usage du bon sens dans toutes sortes de discours. Elle a accoûtumé le goût du Siecle
aux beautés naturelles, qui dégagées du fard
et des ornemens superflus dont elles étoient
toutes couvertes, charment maintenant la
raison d'une maniere inévitable et invin:
cible.

Rien ne pouvoit donc mieux donner
une parfaite idée de l'Eloquence, que la re=
présentation de cette Compagnie assem=
blée pour un si beau sujet. On ne void point
ici les ouvrages de Platon, de Demosthene,
de Ciceron, d'Hortensius, et des autres grands
Orateurs de l'Antiquité. Ce n'est pas que l'Elo=
quence ne les regarde comme des hommes
extraordinaires qu'elle a beaucoup aimés, et
qu'elle a comblés de ses graces; mais elle n'a
voulu ici se faire honneur que de ceux qu'elle

Le cabinet des beaux Arts

a formés dans ces derniers temps pour
faire voir que bien loin d'etre déchûe de
ce lustre ancien ou elle a paru aux sie =
cles d'Alexandre et d'Auguste, elle a encore
augmenté en beauté, en éclat et en magni=
ficence dans le siecle de Loüis le grand.
La Loi qu'on s'est imposée de ne point mettre ici les ouvrages des Orateurs vivans, lui
ôte un grand moyen de faire éclater sa
gloire mais ce lui en sera assez pour son
dessein de produire les noms et les ouvra=
ges de M.r Ogier, de M.r le Maistre, ét de M.r
de Balsac que le Peintre a mis dans ce tableau.

Le cabinet des beaux Arts

La Poësie

Je chante des heros les glorieux dangers
Je chante les amours des fideles bergers
Icy d'un ton naif; la d'un air magnifique,
Si je charme en chantant l'heroique valeur,
Je ne plais pas moins quand j'explique
Ce qui se passe au fond du cœur.

Ne pensez pas que ce soit la peine de trouver une rime ou la mesure d'un vers qui lui fasse ronger ses ongles, c'est a quoi la veritable Poësie s'arrete le moins, quoi qu'elle ne le neglige pas. Cette action est l'effet de son application profonde a inven-ter et a creer de nouvelles choses. Ses yeux elevés au ciel et le petit souris qu'on void sur son visage montrent la joie que lui donne une idée agreable qu'elle entrevoit, qu'elle poursuit et dont elle est sur le point de se saisir. Le laurier qui la couronne

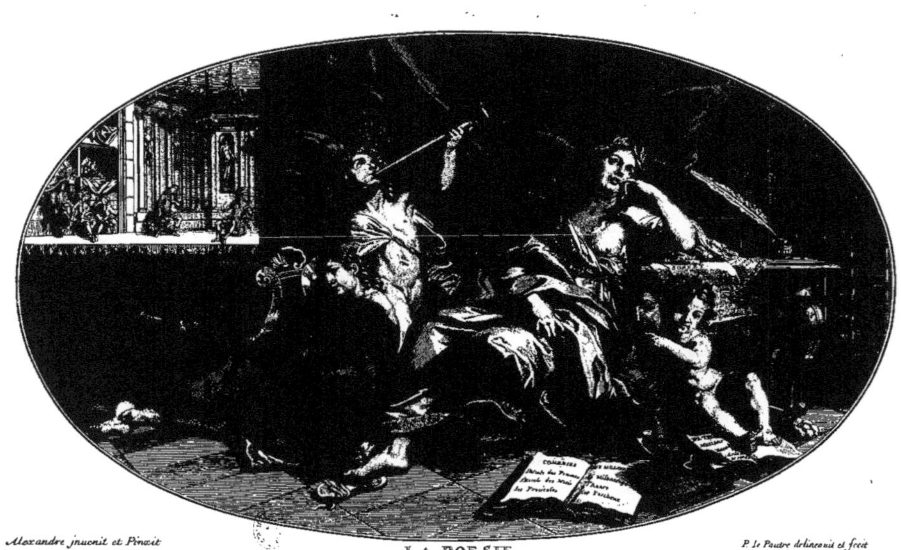

Alexandre jnuenit et Pinxit

LA POESIE.

P. le Pautre delineauit et fecit

Le cabinet des beaux Arts

ne marque pas seulement la gloire qu'elle dispense aux Héros, et qu'elle répand sur toutes les choses qu'il lui plaist de loüer, mais encore celle qui lui revient de ses propres ouvrages; en un mot, l'Immortalité glorieuse qu'elle donne, et à ses chants, et à ce qu'elle chante. Vous voyez auprés d'elle un jeune enfant qui tient un masque; et vous croyez peut-être que c'est le Génie de la satyre dont le masque est souvent le symbole: détrompez vous: à peine veut-elle bien avoüer ce genre d'écrire, quoi qu'il puisse être utile et agreable. Ce masque represente les fictions ingenieuses dont elle couvre les vérités, ou de la Nature, ou de la morale, qu'elle a toûjours regardées comme la plus belle et la plus noble partie de ses productions. Les trois autres enfans que vous voyez representent les trois principaux genres de

Poësie. Celui qui embouche une trompette, et qui est beaucoup plus élevé que les deux autres, célébre les Heros, et tout ce qui est héroïque. Le second qui touche une lyre, chante tous les divers sujets que la Poësie peut embrasser, soit serieux, soit enjoüés, et de quelque mesure de vers que ce puisse être. Le troisième qui mollement couché tient une flûte pastorale, chante les amours des bergers, et les douceurs de la vie champêtre. Pour faire honneur aux excellens Poëtes de ce siecle, on n'a pas trouvé d'autre moyen que de mettre leurs Noms sur des livres qui representent leurs ouvrages. Il ne faut pas s'arrêter à l'ordre dans lequel on les a placés; on n'a pas entrepris de régler leurs rangs; et on a cru qu'il falloit en laisser le soin a la Posterité qui s'en acquitera mieux que nous. On a seulement observé de ne point

laisser voir le nom ni les ouvrages des vivans
qui sont sous le rideau de la tablette que
le Temps doit tirer pour les decouvrir a mesu:
re que la Mort enlevera les Auteurs.

On a representé dans léloignement l'excel:
lente Comedie de Cinna, non seulement parce:
quélle a toujours passé pour un chef d'œu
vre, mais aussi parceque la scene ou Au=
guste reproche a Cinna son ingratitude,
est extremement reconnoissable. Dans un
tableau de la Poësie, la Comedie ne de
voit pas etre oubliée; c'est celui de tous
ses ouvrages, qui tout inferieur qu'il est a
la plûpart des autres poemes lui fait le
plus d'honneur et lui acquiert le plus
de reputation par les applaudissemens du
theatre. C'est aussi le genre de Poesie
ou les François surpassent davan=
tage les Poetes des autres nations, et

de tous les siecles precedens de meme
que dans leurs chansons, ou tendres ou
galantes, qui sont beaucoup au dessus
de toute la Poësie lyrique de l'Anti:
quité.

Il n'a pas eté possible d'exprimer tous
les sujets dont la Poësie se mele, sa ju
ridiction n'etant pas moins etendue que
la vaste imagination des hommes. Car il
ne faut pas croire quélle se renferme a
faire des ouvrages en vers. Il y en a une
infinité en prose dont on lui est plus rede:
vable qu'a l'Eloquence, comme les Ro=
mans, les Historiettes, et les Nouvelles
dont l'invention est la partie la plus
considerable. C'est elle qui fait les de:
vises, qui imagine les pompes des en -
trées et des mausolées et toutes les fetes
de plaisir et de magnificence. L'inven

Le cabinet des beaux Arts

tion des tournois et des ballets, où il y a
de l'esprit, lui appartient encore; et ge=
neralement tout ce qui s'imagine de

nouveau par ceux qui ont receu de
la Nature le don de Poësie.

Le cabinet des beaux Arts

La Musique

Ce m'est peu de flatter les sens,
Je ravis l'ame toute entiere,
Qu'elle soit tendre ou pleine de lumiere
Pour elle j'ai toujours mille charmes puissans.
Quiconque est insensible a mes douces merveilles,
Doit etre sans raison, sans cœur et sans oreilles.

Si la Poesie touche. plus vivement que l'Eloquence, la Musique a quelque. chose encore de plus touchant que. la Poesie. Ce sont trois sœurs a qui le Ciel a donné le soin d'embellir la parole, L'Eloquence s'occupe particulierement a la rendre persuasive: la Poesie a la rendre agreable, et la Musique a lui communiquer le don de charmer jusqu'a l'extase. Cette derniere ne se contente pas de regner sur le cœur des hommes, comme ses deux ainées, et d'emouvoir le Ciel par ses Cantiques elle etend son pouvoir jusques sur les ani:

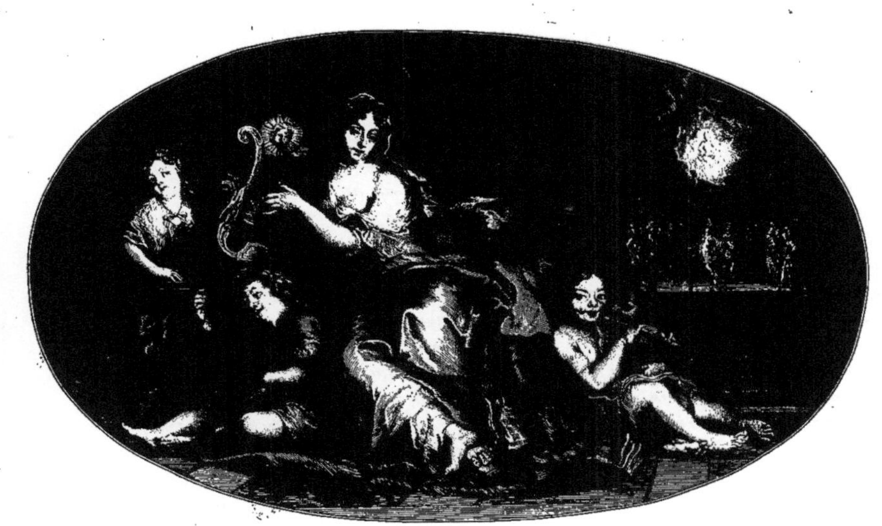

Coypel le Fils pinxit
LA MUSIQUE
Edelinck Effigies Sculp. Cum Privi. Regis

Le cabinet des beaux Arts

maux et sur les rochers qu'elle rend sen=
sibles à son harmonie : c'est-à-dire qu'il
n'y à point d'ame si farouche, ni si bru=
tale, qui n'en soit émuë, comme on a vou=
lu le faire entendre par les fables d'Or=
phée et d'Arion. Elle fait passer ce pou=
voir admirable jusques dans du bois et dans
des nerfs sans vie, qui nous charment tous
les jours quand elle les touche, et qu'elle les
employe dans ses concerts.

Ses instrumens sont ou à cordes ou à
vent : et il y en a de deux sortes ; les uns
qui sonnent toûjours également fort, de
quelque maniere que l'on les touche, com=
me l'orgue et le claveçin ; et les autres dont
le son s'enforcit ou s'adoucit à la volonté
de celui qui en joüe, comme le Lut, le Theo=
orbe, la flute et le Violon. Car pour les
tambours, les tymbales, et les autres

instrumens semblables, qu'il ne faut que
frapper pour en joüer, et dont le ton ne
varie point, Ils ne doivent pas être mis au
rang des instrumens de Musique, quoique
M.ʳ de Lulli ait sçû les faire entrer heureuse=
ment dans quelques uns de ses chœurs, où il
falloit donner une image de la guerre. C'est
pourquoi l'on a représenté ici un lut, une flû=
te et un claveçin comme les instrumens de
Musique les plus connus et auxquels tous les
autres se peuvent reduire. On a voulu que ce
fut une jeune fille qui joüât du claveçin par
ceque de nos jours il est devenu le partage
du beau sexe, qui excelle dans le toucher de
cet instrument, au de là des Maîtres les plus
habiles.

On s'étonnera peut être, qu'ayant affecté
de ne rien mettre que de moderne dans tous
les tableaux des beaux Arts, la Musique y

Le cabinet des beaux Arts

joüé d'une lyre, qui est un instrument
des plus antiques, mais on a cru par cette
raison, qu'on ne pouvoit pas lui en donner un qui lui convînt mieux, lors qu'en
suivant l'usage des anciens, on en fait une
personne affective et vivante.

C'est l'Opera qu'on void représenté dans
le fond du tableau, c'est à dire, ce qu'il y à
jamais eu de plus beau dans la Musique.
Ceux qui connoissent un peu l'Antiquité et
qui par consequent n'ignorent pas qu'elle
n'a jamais eu de Musique à plusieurs parties, ni scû ce que c'est que de varier les con-
sonances dans une composition, ou simple
ou figurée, n'ont pas de peine à concevoir
que ce bel Art, malgré les exagerations
outrées que les Grecs ont faites de l'excellen-
ce où il étoit chez eux, n'a jamais approché
de la perfection où il est parvenu dans nôtre

siecle. Ceux même qui aiment avec passion
la musique étrangére, et particuliérement
celle d'Italie, demeureront aussi d'accord
quil n'y en a point qui ne céde à celle des
Opera de Mr. de Lulli. Car supposé que du
côté de la composition il se pût trouver quelques pièces d'Italie de la même beauté, il
est certain que pour l'exécution elle est chez
nous infiniment plus juste et plus exacte.
Cela étoit déja vray il y à plus de trente
ans, lors que les trois quarts de ceux qui
fesoient profession de chanter, ne le pou-
voient faire à livre ouvert; à plus forte raison en ce temps-ci, ou il seroit difficile de trouver un musicien qui ne chantât pas dés la
premiére fois toute sorte de musique, avec
autant de justesse et d'agréement, que s'il
l'avoit longtems étudiée. Les livres qu'on
void sur le devant du tableau, sont les ou-

Le cabinet des beaux Arts

vrages de Lulli, de Moliere, de Boisset, de Lorenzani, d'Oudot et de Charpentier comme le marquent leurs noms qui y sont ecrits.

Il est a remarquer que le visage de la femme qui represente la Musique et ceux des enfans qui jouent du lut, de la flute et du claveçin sont des portraits fort res= semblans; et que neanmoins ils s'accommo= dent aussi bien aux figures et aux attitudes dans lesquelles elles sont posées, que s'ils etoient d'imagination et de fantaisie.

Le cabinet des beaux Arts

L'Architecture

En des palais délicieux
Dignes de la grandeur des Dieux
J'ay changé des Mortels les demeures sauvages,
Je joins les ornemens à la solidité:
Et la beauté de mes ouvrages
Augmente encor des Rois l'auguste majesté.

L'Architecture est un Art qui ne peut paroître avec l'eclat et avec la dignité qui lui convient, si elle n'est accompagnée de la plûpart des autres Arts; des uns pour en prendre conseil: et des autres, pour les conduire. Elle consulte l'Astronomie l'Optique, la Médecine, et la Jurisprudence pour la situation de ses bâtimens: elle se sert de l'Aritmetique pour ses calculs: elle écoute la Musique sur la construction de ses theatres et de ses machines; et il n'y a presque rien dans les Mathematiques

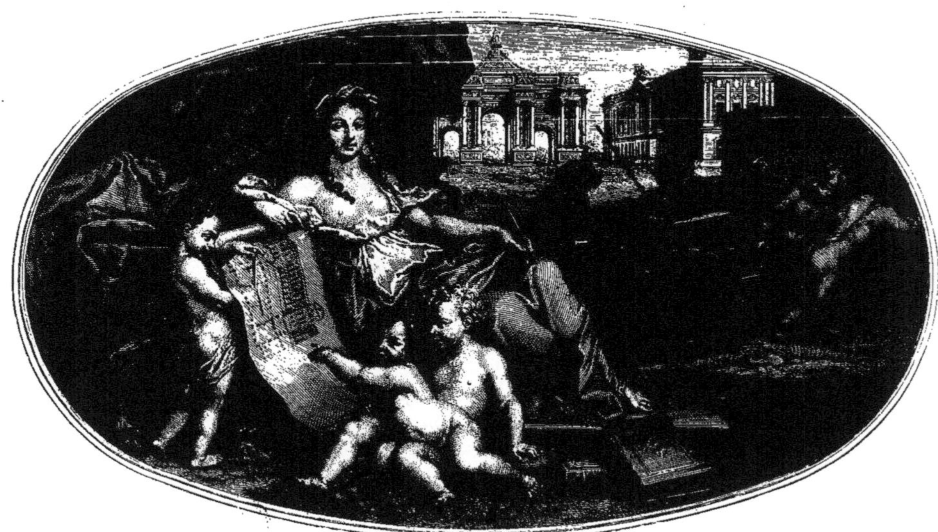

Inventé et peint par Boulogne l'aisné
L'ARCHITECTURE
et gravé par B. Audran

Le cabinet des beaux Arts

qu'elle n'employe dans les différens besoins de ses ouvrages. Elle prescrit à la Sculpture les endroits de l'edifice où elle doit placer ses statuës et ses bas reliefs. Elle assigne de même à la Peinture les lieux qu'elle doit orner de ses tableaux, et leur donne à toutes deux le module et la grandeur de ce qu'elles ont à représenter. Elle se sert encore de leurs regles pour ses desseins, et ses modelles. Ainsi l'Architecture n'est pas tant un seul Art, qu'ne espéce d'Encyclopédie de la plûpart des Arts. C'est elle qui la première a séparé les hommes d'avec les bêtes en leur construisant des habitations commodes et agreables, au lieu des cavernes sauvages où ils se retiroient, et où souvent ils étoient moins bien logez que les Renards et les Castors. La Grece toujours vaine, se vante d'avoir inventé ce bel Art, et de l'a-

voir porté à sa derniere perfection, quoiqu'effectivement elle n'ait fait ni l'un ni l'autre. Car avant qu'elle s'en mêlàt, et qu'elle eut formé les trois ordres qu'elle nous a donnés, le Dorique, l'Ionique et le Corinthien, il y avoit long tems que le magnifique temple de Salomon étoit bâti dans toutes les bonnes regles de l'Architecture; et depuis que la barbarie a dépouillé la Grece de tous les arts, celui de bâtir s'est encore beaucoup perfectionné dans toutes ses parties.

Le but de l'Architecture est de donner trois choses à ses ouvrages, la solidité, la commodité, et la beauté; et il n'y en a aucune où dans ces derniers tems elle n'ait fait de nouvelles découvertes, et trouvé des moyens de l'augmenter. La coupe des pierres, invention moderne, a donné aux voutes surbaissées, et

Le cabinet des beaux Arts

aux architraves qui se font presentement
de plusieurs pieces, de même que les fer=
metures des portes, et des croisées, une so=
lidité que toute l'Antiquité n'a point con=
nuë. L'ordre composite, que les Romains
ont inventé depuis les ordres Grecs, de même
que le Toscan ont introduit beaucoup de
beautés et d'ornemens, qui ne se trouvent
point dans les premiers ordres; et comme
on les varie tous les jours en cent manie=
res, ils produisent aussi tous les jours de
nouvelles beautés. Pour ce qui regarde la
commodité, pour peu qu'on fasse de refle=
xion sur la différence de nos edifices d'au=
jourd'huy d'avec ceux de nos peres, il sera
difficile de ne pas croire que nous l'em=
portons de ce côté'là sur les Grecs et sur
les Romains. Pour appuyer ce que j'a=
vance ici en faveur de nôtre Siècle on a

representé dans l'éloignement du table=
au trois édifices construits depuis vingt=
ans; le devant du Louvre, l'Arc de triom=
phé, et le palais de Versailles. Comme rien
n'est plus magnifique et davantage dans
le bon goût de l'Architecture, que le mo=
delle de l'Arc de triomphe, rien n'égale
la solidité avec laquelle on a commencé
la structure de ce monument; les pierres
en sont toutes d'une grandeur demesu=
rée, jointes ensemble intimement sans
aucun mortier entre deux, et après avoir
été frottées l'une sur l'autre, jusqu'a se tou=
cher également par toutes leurs parties;
maniere de construction à l'épreuve, de
toutes les attaques du temps qui n'aura nõ
plus de prise sur tout le corps de cet edifi=
ce, que sur une seule pierre. Où voit on ri=
en de comparable à la beauté du devant

Le cabinet des beaux Arts

du Louvre, et à la hardiesse de ses porti-
ques, dont les platfonds tout plats et sus-
pendus en douze pieds de profondeur,
n'ont rien qui leur ressemble dans quelque
édifice que ce soit, si ce n'est en peinture, où
l'on ne se met pas en peine de la solidité.
Et enfin la commodité des magnifiques et
superbes appartemens de Versailles per-
met-elle de s'imaginer que ni l'élégance des
Grecs, ni la somptuosité des Romains
ayent jamais rien fait dans tous leurs bâtimens, qu'on puisse raisonnablement leur
opposer. On a mis icy les noms de ceux à qui
l'on doit les plus beaux bâtimens modernes
qui sont en France. Mansard qui a fait
bâtir le Val de Grace, Maisons, Fresne
&c. Le Vau qui à commencé Versailles
et achevé les Thuilleries. Le Mercier
qui a fait bâtir Richelieu, La Sorbonne
&c. Perrault qui a donné les desseins
de la facade principale du Louvre, de
L'Observatoire, de L'Arc de triomphe
de la Chapelle de Seaux &c

Le cabinet des beaux Arts

La Peinture

Je suis le charme de la veüe ;
Des doux attraits dont le Ciel m'a pourveüe
Il n'est point d'œil qui ne soit enchanté ;
Le temps qui détruit tout me rend encor plus belle ;
Mon art est ma naïveté,
Et je trompe souvent pour être trop fidelle .

Il est aisé de juger que cette femme qui tient une palette et des pinceaux, et qui a devant elle un tableau qu'elle ébauche, represente la Peinture . Elle paroit un peu melancholique, parce-qu'il faut être de ce temperament pour reussir dans ce bel art ; et si ses vêtemens sont de couleurs douces et changeantes, c'est pour marquer le soin qu'on doit prendre de si bien varier et mêler les couleurs, qu'encore qu'elles soient differentes, les unes des autres, elles ne fassent neanmoins qu'un tout ensemble agreable à la veüe.

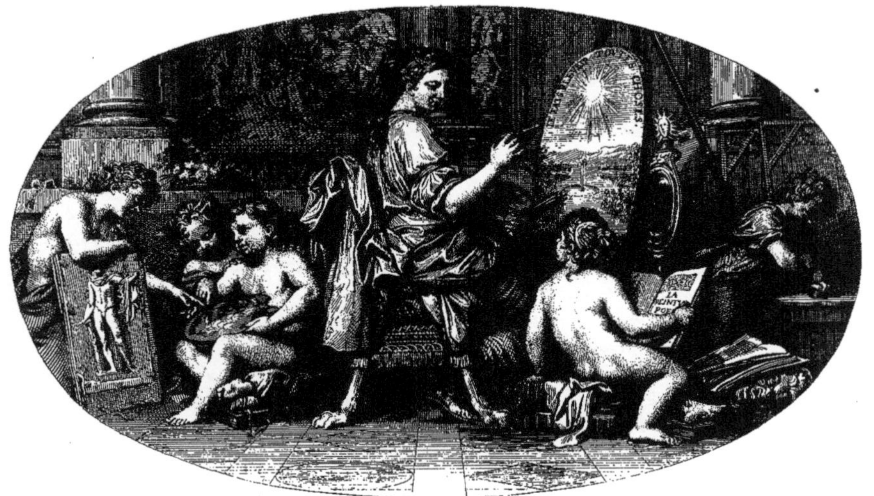

Inventé et peint par C. Audran.   LA PEINTVRE   Gravé par San Pierre

Le cabinet des beaux Arts

Comme il y a trois choses principales dans la Peinture, l'ordonnance, le dessein, et le coloris ; et que la plus importante des trois est l'ordonnance, c'est la Peinture elle même qui la represente . Il paroit qu: en travaillant a son ouvrage, elle ne laisse pas de s'entretenir avec une jeune Fille qui tient un livre intitulé, La Peinture, Poëme, pour donner à entendre qu'on ne peut guere parvenir à faire une belle ordonnance qu'avec le secours de la Poësie à qui il appartient particulierement de l'inventer et de la disposer. Car c'est par là principalement que la Peinture a merité le nom de Poësie muette, étant vrai qu'un peintre doit observer presque toutes les mêmes regles dans l'ordonance de son tableau, qu'un Poëte dans la construction de son poëme, soit pour l'unité

de Scene, de temps, et d'action, soit pour une infinité d'autres choses qui leur sont communes. Cette jeune fille est assise sur plusieurs autres livres, parce qu'un pein= tre doit beaucoup lire, et n'entreprendre jamais de representer une histoire, soit ve: ritable, soit fabuleuse, qu'apres s'en être bi= en instruit par la lecture des auteurs qui en ont écrit. Il y a aussi une tête de mar= bre à demi cachée sous ces livres, pour dire qu'il ne doit pas négliger de dessiner d'apres la bosse.

Le jeune enfant appuyé sur un portefeu: ille, ou est attaché un crayon d'apres la fi= gure de l'Appollon qui est à Rome, repre: sente le Dessein. On a choisi cette figure comme une des plus belles de l'antiquité pour donner a entendre qu'il faut que le dessein s'appuye particulierement sur l'etude.

et l'imitation de la belle Antique

L'autre jeune enfant, qui d'une main tient une palette chargée de couleurs, et de l'autre, un couteau pour les mêler, represente le coloris : et parceque le dessein doit etre le maitre de la couleur; c'est a dire determiner et prescrire de quelle sorte les couleurs doivent etre meléés et disposeés dans un tableau, on a fait que l'enfant qui represente le dessein montre avec le doigt a celui qui tient les couleurs de quelle sorte il en doit faire le melange. Celui qui a les mains sur les epaules de l'enfant qui tient la palette et qui le regarde avec attention n'est mis la que pour rendre le grouppe plus accompli, si ce n'est qu'on veut le dire que dans la peinture comme dans tous les autres arts, on doit regarder ce que font les autres.

L'enfant qui broye les couleurs paroit s'y employer de toute sa force et n'avoir d'autre pensée que de bien appuyer sur sa molette, aussi ne s'agit il que de cela dans cette fonction. Les anciens ont eu grand soin que leurs couleurs fussent bien broyeés, et c'est un soin qu'on auroit tort de negliger particulierement pour les petits tableaux ou l'on represente des choses delicates; les couleurs en sont plus belles, et se conservent plus longtemps.

L'intention étoit de mettre dans le fond du tableau divers ouvrages du Poussin, de Le Sueur, de M.r le Brun, de M.r Mignard, et de plusieurs autres excellens maitres de ce siecle, mais lors que ces tableaux ont eté ebauchés, on a trouvé qu'ils y appòtoient une diversité trop grande et fesoient un papillotage qui gatoit tout, on les a retournés, et on n'en a laissé voir que le derriere de la toile. Celui de la famille de Darius est demeuré par ce

Le cabinet des beaux Arts

qu'il fait un effet agreable dans la pla-
ce ou il est.

On avoit encore intention que la Peinture travaillât a un tableau de l'histoire du Roy,
mais on a vû qu'un tableau d'histoire n'y
seroit pas bien, et il a fallu y substituer une
devise, dont le corps est un soleil qui éclaire
un parterre émaillé de fleurs, et entouré d'arbres fleuris avec ces mots au tour.

Je fais fleurir toutes choses.
Le sens de cette devise est facile a deviner; et
on void bien qu'on veut dire que le Roy dont

le Soleil est le simbole, fait fleurir toutes choses dans son Royaume et particulierem.t
les beaux Arts, qu'il protege et dont il n'est
pas moins le pere que le soleil l'est de toutes
les fleurs.

On a trouvé que les fleurs convenoient
aussi tres bien a la Peinture par les diverses couleurs dont elles brillent, de même
que le miroir qu'on a mis aupres d'Elle, par
le talent qu'il a de representer avec justesse
et avec promptitude tous les objets qui lui
sont presentés.

Le cabinet des beaux Arts

La Sculpture

Les marbres que mon art a pris soin d'animer
Ne se font pas moins estimer
Que les fameux Heros dont ils sont les images;
J'ay sçû même autrefois aux plus fiers des Humains,
A qui tout l'Univers a rendu des hommages,
Faire adorer l'ouvrage de mes mains.

Il n'y a point d'Art dont les hommes ayent tant abusé, et d'une manière plus criminelle que de l'Art de la Sculpture. Il leur a été donné du Ciel, pour conserver la memoire des grands hommes, et de leurs actions; afin qu'en les regardant comme des model= les, ils se portent plus vivement à l'heureuse imitation de leurs vertus. Cependant ils s'en sont malheureusement servis pour s'en faire des Dieux, et pour transporter à du bois, à de la pierre, et à du métail un honneur et un culte qui ne sont deus qu'au Createur. Mais ce de=

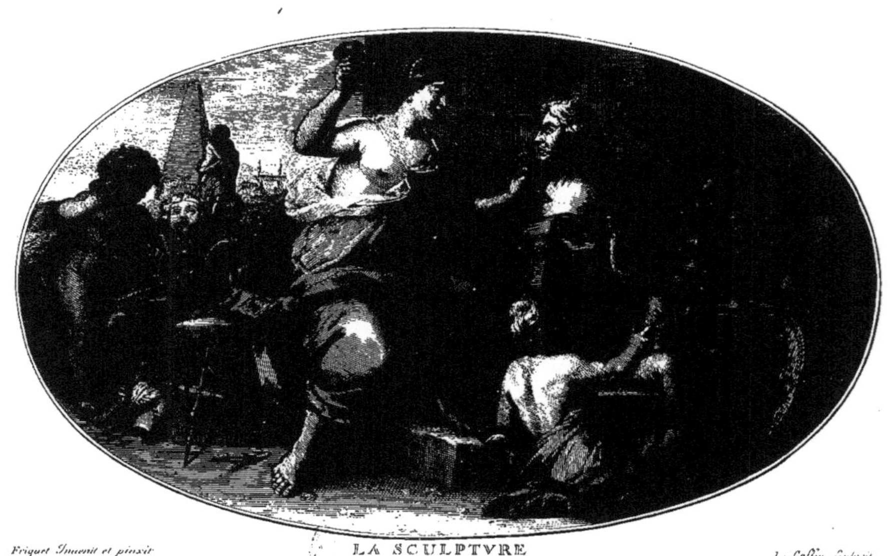

Friquet Inuenit et pinxit
LA SCULPTVRE
I. Coßin sculpsit

Le cabinet des beaux Arts

desordre horrible qui a rendu les hômes si coupables, ne doit point etre imputé a l'Art consideré en lui meme puis qu'il n'y a contribué qu'innocemment et que pour avoir trop bien suivi ses regles. Car si la majesté de la figure de Jupiter a fait trembler les plus hardis, et en a fait ses adorateurs; si la beauté et les graces de celle de Venus, l'ont fait aimer des plus insensiblé, et lui ont attiré leur encens et leurs plus doux parfums, ça eté en partie un effet de la grande perfection et de la grande exactitude de l'Art qui les a formées.

La Sculpture a cet avantage sur l'Eloquence et sur la Poesie non seulement de toucher plus vivement qu'elles, par la naive representation des objets, mais de parler toutes sortes de langues, et de n'etre barbare a l'egard d'aucune Nation de la Terre

Elle travaille ici a celui de ses ouvrages qui doit le plus attirer les regards de toutes les nations et de tous les siecles; le buste de Louis le Grand: c'est là qu'elle doit rassembler tout ce qu'elle a jamais repandu de majestueux et d'aimable dans les images des plus grands heros.

Elle a aussi entrepris de transmettre a nos neveux toute l'histoire de sa vie par des medailles qui feront les plus cheres delices de la scavante Posterité. Elle en a deja gravé un nombre tres considerable: et comme ce Prince lui donne sans cesse de nouvelles matieres, elle y prevoit en quelque sorte plus de gloire a acquerir qu'elle n'en a recueilli de ses autres ouvrages par ce qu'il est comme impossible que l'admiration qu'exciteront tant de merveilles, ne s'etende pas sur les images naives et in:

Le cabinet des beaux Arts

genieuses ou elles seront representées. El=
le attend aussi une reputation extraordi=
naire des statues, et des bas reliefs dont el=
le continue d'embellir le plus magnifique
et le plus enchanté de tous les Palais; soit
qu'elle les regarde avec les yeux de la plü=
part des meres qui aiment plus tendrem.t
les cadets que les ainés; soit qu'elle ne
doute point que quand le Temps les au=
ra rendu venerables, ils ne disputent le
prix aux plus celebres monumens de l'An=
tiquité et ne le remportent méme avec ju=
stice. Elle est déja persuadée que les ou=
vriers qu'elle conduit presentement pos=
sedent tout autrement que les anciens
l'ingenieux artifice des basses tailles, ou ils
scavent si bien par le judicieux menage=
ment du relief observer toutes les degrada=
tions des figures, selon leur differente

situation et y pratiquer si exactement les
plus severes loix de la perspective: Ain=
si elle espere qu'on se defera bientôt de
l'habitude ou l'on est de ne la loüer que de
son temps passé et qu'elle vaincra cette
opiniatre prevention pour ses premieres
années contre celles ou elle fleurit aujour-
d'hui, et qu'elle regarde comme son plus
bel age.

On ne void ici que les noms de Sarra=
sin et d'Anguier quoi que nôtre Siecle ait
produit un tres grand nombre d'excellens
sculpteurs. Car on peut dire que de tous les
Arts qui ont eté excités a se remettre dans
leur ancienne perfection et a la surpasser il
n'y en a point qui ait fait un progrés plus
considerable et plus sensible que la sculpture.

La preuve de cette verité est une des choses du monde la plus agreable a faire puis

Le cabinet des beaux Arts

qu'il ne faut que se promener dans les beaux jardins de Versailles ou il n'y a point d'allée qui n'offre aux yeux quelque chef d'œuure de nos sculpteurs modernes dont il est impossible de n'etre pas charmé au milieu même des figures antiques qu'on y trouve de tous côtes.

Le cabinet des beaux Arts

L'Optique

Qui peut n'admirer pas le pouvoir de mes yeux ?
Ils sondent les secrets de la Terre et des Cieux,
Rien n'echappe à leur connoissance
J'entre dans les replis des moindres petits corps
Et malgré des plus grands l'eloignement immense,
De leur cours si divers je voi tous les ressorts.

L'Optique est un de ces Arts bienfai sans, qui sont plus nés, et qui travaillent davantage pour les autres que pour eux memes. Si elle fait une infinité d'obser = vations curieuses sur les differentes ma nieres dont les objets frappent la veüe et sur les divers angles de reflexion qui no. en font connoitre les distances, la Pein ture s'en saisit aussitot et en forme les regles de perspective pour peindre les ob jets de la maniere quils agissent sur les organes de la veüe Si elle fabrique ces ver

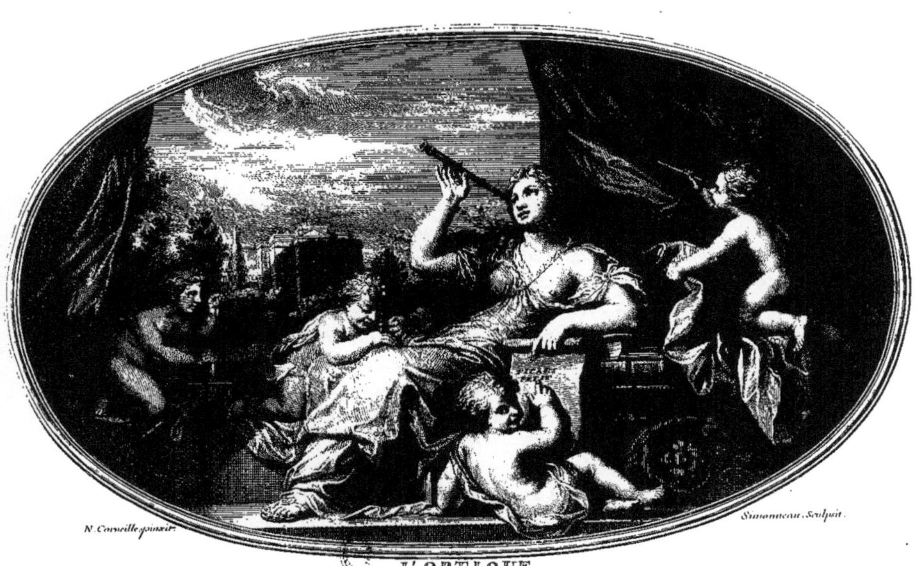

L'OPTIQUE

verres, si curieux et si utiles tout ensemble
qu'elle a inventés dans ces derniers temps.
la Physique d'un côté se les approprie aus=
sitot pour entrer dans les moindres petits
corps, pour y decouvrir les secrets les plus
cachés de la Nature et y remarquer la ma=
niere ineffable dont elle opere. L'Astro=
nomie d'un autre côté s'en sert avanta=
geusement pour connoitre les mouve=
mens, et si cela se peut dire tous les symp=
tomes de ces grands corps lumineux qu'
elle croyoit autrefois attachés a un même
ciel comme des lampes au plafond d'une
salle et qu'elle regarde presentement cõ
me autant de soleils, que leur seule distance
de la terre nous rend moins eclatans que ce=
lui qui les efface tous a nôtre egard par la
force de sa lumiere. Ç'a eté par le moyen
de ces verres admirables que la connoissan

ce des choses naturelles s'est accrüe au—
point ou nous la voyons, c'est a dire pres=
que sans bornes, a cause de cette espece—
d'infinité qui se decouvre et dans les gran=
ds, et dans les petits corps.

Pour voir un excellent echantillon des
merveilles de ce bel Art, il ne faut qu'etre
present quelquefois a ce qui se fait tous les
jours a l'Observatoire: on y voit avec des
Telescopes un grand nombre d'étoilles qui
echapent aux meilleurs yeux; et on les y
voit en plein jour aussi distinctement,
qu'on a couûme de les voir pendant une
nuit bien seraine. On y voit que toutes
les planettes sont eclairées du Soleil de
meme que la lune, et qu'elles ont, com=
me elle, un croissant, un plein et un
decours. On decouvre encore aux envi=
rons de Jupiter et de Saturne un cer=

tain nombre de petites etoilles qu'on nomme satellites, parce qu'elles les ac: compagnent toujours, qui font regulie: rement autour d'eux leur cours peri= odique. Les taches de la Lune s'y remar: quent si nettement qu'on en a fait des cartes aussi exactes que celles de la Terre. Toutes ces observations ne se terminent pas a la seule curiosité de connoitre par= faitement le mouvement des astres, et a pe: netrer les secrets de l'Astronomie, quoi qu' une telle connoissance soit tres digne d'oc= cuper l'attention des hommes en les abymāt dans la profonde admiration de l'Estre in= finiment puissant et infiniment sage, qui a creé tant de merveilles, elle devient vti= le aux besoins de la vie par les lumieres et les secours qu'elle donne a la navigati= on. et a la plûpart des autres Arts. Gali=

lée est regardé comme l'inventeur des Telescopes, & il n'a pas rendu par la un moindre service a l'Astronomie, a la Physique, et a toute la Philosophie, que par ses sçavantes et ingenieuses medi= tations Mr. Petit et Mr. l'Abbé Picart se sont rendu celebres par l'usage qu'ils en ont fait dans l'Astronomie et dans la Ge= ometrie. Le Bas ouvrier des Galleries du Louvre a excellé a tailler de ces sortes de verres tant pour les grandes lunettes, que pour les microscopes, et c'est pourquoi l'on void leurs noms dans ce tableau. Nous a= vons presentement Mr. Borelle de l'Aca= demie des Sçiences qui a le secret d'en faire d'excellens et de telle grandeur qu'on le sou= haite. Il en est venu d'Italie et on en fait a Paris de six vingt pieds de foyer et da= vantage. Et enfin on a sçu les porter si loin

Le cabinet des beaux Arts

que l'on cesse d'en demander de plus grands : parce qu'alors la portion du cercle quils contiennent est si petite qu'on ne peut observer l'astre suffisamment dans le peu de temps quil est a le parcourir.

Le cabinet des beaux Arts

La Mechanique

La Nature voit avec honte
Qu'en mille endroits je la surmonte
Par l'effort de mes mouvemens.
Mon pouvoir n'a point de limites;
Et sans m'assujettir aux loix qu'elle a prescrites,
Je dispose à mon gré de tous les Elemens.

On peut dire que la Mechanique fait reellement et en verité ce que la plupart de ses compagnes ne font qu'en figure et par metaphore. La Poësie et la Musique se sont vantées autrefois chez les Grecs d'avoir remué des rochers, et fait marcher des arbres, parcequ'elles avoient emu des ames un peu sauvages, et qui sembloient aussi insensibles que les arbres et les rochers: mais la Mechanique le fait effectivem.t tous les jours. Nous avons vû des pierres plus grandes et plus lourdes que des rochers

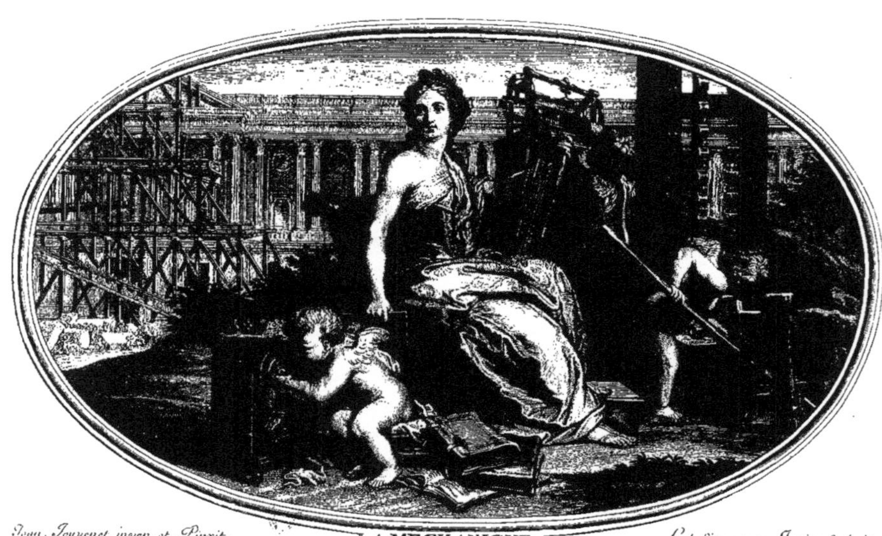

Joan. Jouvenet inven. et Pinxit.
LA MECHANIQUE.
Lud. Simonneau Junior Sculpsit.

s'élever par les forces de son Art sur le fro=
ntispice du plus grand de tous les palais;
et nos yeux étonnés ont vû marcher a Ver=
sailles des forets de sapins d'une hauteur
prodigieuse pour aller former des allées
aux endroits qu'elle leur avoit prescrits.

Il n'y a presque rien d'impossible a l'indus=
trie de ce bel Art et l'on scait qu'Archime=
de ne demandoit qu'un lieu ferme hors de la
Terre pour la remuer toute entiere par la
plus simple machine que fournit la Mecha=
nique.

Elle est comme l'ame de la plupart des
autres Arts, a qui elle donne tous les instru=
mens et tous les outils dont ils se servent .
l'Architecture lui doit ce qui la rend capable
de construire ces fabriques etonnantes qui
font tant d'honneur a l'homme par la dis=
proportion de sa taille a celle des masses
enormes qu'il transporte et qu'il manie a
sa volonté. L'Art Militaire qui en avoit
receû dans les premiers temps les belliers et
les catapultes, en a tiré depuis les bombes
et les canons. Quels secours ne donne t elle
point a la navigation pour la constructiō
des vaisseaux et l'ingenieuse et utile inven=
tion des boussoles ? En un mot ou est l'Art
de ceux qui produisent au dehors quelque
ouvrage materiel qui ne lui soit redeva=
ble en quelque chose ! On a crû autrefois
qu'il n'appartenoit qu'a la Magie de faire
remonter des fleuves vers leur source : la
Mechanique fait aujourd'hui quelque cho=
se de plus etrange puis qu'elle les fait jail=
lir et s'élever comme d'eux memes dans
les airs; merveille qui n'a presque point eté
connue de la scavante et magnifique Anti=
quité. Elle fait enfin tous les jours tant de

Le cabinet des beaux Arts

nouveaux prodiges quil n'y a que la seule
accoutumance de les voir qui modere l'é:
tonnement qu'on en devroit avoir.

La nouvelle espece de pompe qui est
representeé dans ce tableau est peut étre
ce qui s'est jamais imaginé de plus surpre
nant dans ce genre. Elle est expliqueé et
dessineé exactement dans les notes de la
nouvelle traduction de Vitruve. Cette pom
pe avec si peu d'eau courante que ce soit
peut donner un jet de fontaine de telle
grosseur et de telle hauteur quon voudra,
et allant nuit et iour pourvû qu'on ait un
puits assez profond et ou l'eau se puisse
perdre Ce probleme est aussi vrai qu'il est
etonnant. Si l'Inventeur de cette pompe
l'illustre M.' Francine l'eut publie avant
que d'en donner l'explication il eut fort em
barassé tout ce qui y a d'habiles gens

dans ces matieres

Il n'est point necessaire de relever icy le
merite de la Pendule inventeé et porteé a sa
perfection par M.' Huggens tout le monde en con
noit et la beauté et l'utilite. Le Thermometre
est encore une des inventions de notre siecle
de meme que cet appui portatif pour les leviers

J'oubliois a parler de la Machine a faire
des bas de soie qui est ici representeé et que je
regarde comme le fruit de la plus profonde
meditation dont l'esprit humain soit capable
C'est beaucoup faire que de la comprendre et
il est facheux qu'on ignore le nom de celui qui
la trouveé Quelques personnes ont pris plai
sir a dire que l'Amour en etoit l'inventeur et
qu'il en avoit fourni l'ideé a l'amant d'une
jeune fille qui tricotoit afin qu'elle fit plus
promptement et avec moins de peine par le
moyen de cette machine la tâche qui lui etoit

ordonnée, fable a peu pres semblable. a celle de l'invention de la Peinture qu'on attribue aussi a l'Amour. Car on conte qu'une
jeune bergere voyant l'ombre du visage de
son berger que la lampe marquoit sur le
mur, fut inspirée par l'Amour d'en tracer le
profil, et qu'on vid meme ce petit Dieu qui
conduisoit la main de cette ingenieuse Amante :

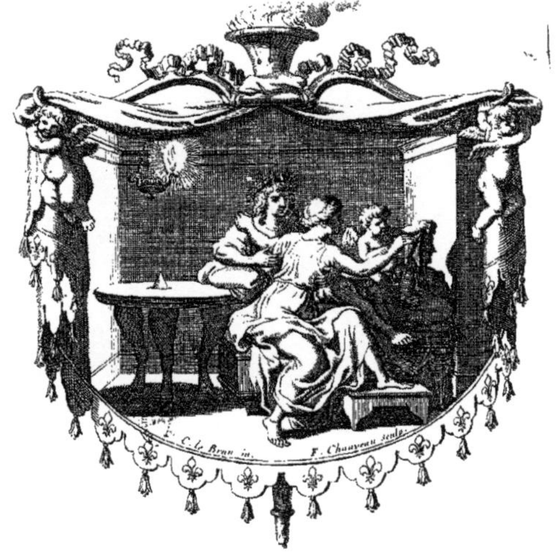

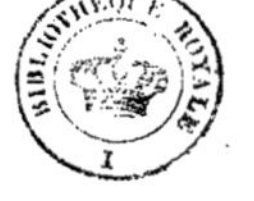